THE SMURFS

만능이 스머프를 찾아라!

타임머신을 타고 떠나는 역사 여행

내가 만든 타임머신 타 볼래? 과거로 떠나는 여행은 정말 재미있단다.

원작 **피에르 컬리포드**(Pierre Culliford)

필명은 페요(Peyo). 어린 시절 사촌이 '피에르'를 제대로 발음하지 못해서 '페요'로 부르던 것을 필명으로 삼았다. 1928년 벨기에 출생. 10대 시절, 나치 점령기에 영화관에서 영사 기사로 일했는데, 독일 선전부의 까다로운 검열로 싫증나는 영화들만 보는 와중에 〈로빈 후드의 모험〉과 〈백설 공주와 일곱 난쟁이〉에 심취했다. 그래서 전쟁이 끝나자 일러스트 공부를 시작, 이때 파트너 작가 이반 델포르트(Yvan Delporte)를 만나서 로빈 후드 풍의 중세 모험담 만화 〈요한 Johan〉(1947년)을 만들며 〈요한과 피위〉 시리즈를 탄생시켰다. 피위는 〈바위 숲의 꼬마 도깨비〉(1954년) 편에 조연 캐릭터로 등장시킨 꼬마 익살꾼이다. 그러다가 아홉 번째 에피소드인 〈구멍이 여섯 개 나 있는 플루트〉(1958년) 편에 '저주받은 땅에 사는 신비로운 꼬마 요정, 스머프'를 등장시켰는데, 본 캐릭터를 능가하는 인기를 끌면서 다음 에피소드에 연이어 등장했다. 결국 이듬해에 〈개구쟁이 스머프〉(1959년) 시리즈가 새롭게 시작되어 오늘날까지 전 세계적인 사랑을 받게 되었다. 2008년 벨기에 정부는 스머프 탄생 50주년을 기념해서 스머프 캐릭터가 새겨진 5유로 동전을 제작했다.

ⓒ Peyo – 2020 – Licensed through I.M.P.S. (Brussels) – www.smurf.com

Korean translation copyright©2020 by MIRBOOK COMPANY

이 책의 한국어판 저작권은 아시아나 에이전시를 통해 저작권자와 독점 계약한 미르북컴퍼니에 있습니다
저작권법에 의해 한국 내에서 보호를 받는 저작물이므로 무단 전재와 무단 복제를 금합니다.

만능이 스머프를 찾아라!

타임머신을 타고 떠나는 역사 여행

아기 스머프
난 딸랑이 없이는
아무 데도 가지 않아요.
내가 너무 작고 귀여워서
잘 안 보이면 딸랑이를 찾으세요!

하모니 스머프
내 연주를 들어 볼래?
"삑!" 이런, 또 음 이탈이 났네.
손에서 트럼펫을 놓질 않고
연습하는데 정말 속상해.

만능이 스머프
난 파란 작업복을 입고
귀에 연필을 꽂고 다녀.
설계도를 그려서 무엇이든 만들지.

타잔 스머프
"아~ 아아~~!"
난 나뭇잎 모자에 샅바 차림이야.
나무를 타려면 가벼워야 하거든.

시인
난 깃털 펜을 들고 있어.
시상이 떠오르면
바로 받아 적어야 하거든!

스머페트
가가멜이 '차가운 심장'을
넣어서 날 만들었지만,
진짜 스머프가 되면서
따뜻하고 행복한 마음을 갖게 됐어.
이 예쁜 머리카락과 드레스 좀 봐!

익살이 스머프
"얘들아, 이거 내 선물이니까 받아."
히히, 폭탄 선물 상자가 "펑" 터질 때
깜짝 놀라는 표정들이
얼마나 재밌는지 몰라!

똘똘이 스머프
뭐든지 궁금한 게 있으면 말이야,
이 척척박사 똘똘이를 찾아오라고!
렌즈 닦을 때 말고는 늘 안경을
쓰니까, 찾기 쉬울 거야.

꼬마 스머프들

자연이
농부 스머프랑 헷갈려요?
밀짚모자만 보니까 그렇죠.
난 맨발이에요!
애벌레와 함께 있고요.

껑충이
난 번개 무늬의 노랑 티셔츠를 입어요.
음, 그게 말이죠. 내 성격과도 잘 맞대요.
성격도 급해서 자주 욱하거든요.

사세트
난 분홍색을
정말정말정말 사랑하는,
명랑한 말괄량이 꼬마 아가씨예요!

졸음이
게으른 게 아니라 졸린 거예……
흠냐, 아, 깜박 졸았어요.
네? 모자까지 졸려 보인다고요?

스머프
스머프들은 다들
흰 모자에 흰 바지 차림이야.
좀…… 구별하기 어렵지? 그러니까
각자의 특징들을 잘 기억해야 해.

허영이 스머프
"거울아 거울아,
내 모자에 분홍 꽃인들 안 어울리겠니?"
아유 참, 거울에서 눈을 뗄 수가 없네.

욕심이 스머프
난 먹는 게 제일 좋아!
그래서 절대로 음식을 남기지 않지.
그리고 세상엔 맛있는 게 너무 많아!

요리사 스머프
최고의 셰프라면 항상
모자와 앞치마를 갖춰 입어야지.
이 컵케이크 한번 먹어 볼래?

농부 스머프
난 향긋한 흙 내음이 좋아!
그래서 정원에서 채소를 가꾸지.
밀짚모자와 부츠는 목욕할 때만 벗어.

화가 스머프
이 나비 넥타이 어떠니?
내 그림은?
정말 예술적이지? 그렇지?

게으름이 스머프
"하아~ 암!" 베개를 들고 다녀야,
틈이 날 때 곧바로 잠들 수 있어.
난 자고 있을 테니까, 절대로 깨우지 마!

꿈돌이 스머프
우주에 가 본 사람? 나야, 나!
스웁프들을 본 사람? 나야, 나!
이 우주복과 헬멧이면, 이륙 준비 완료!

근육이 스머프
팔뚝의 하트 보여?
친구들의 힘든 일을
앞장서서 돕는 내 마음이야.
어때, 멋지지?

파파 스머프
에헴, 나는 542살,
이 마을의 최고 어른이란다.
문제가 생기면 언제든
빨강 모자와 흰 턱수염을 찾아오너라.

투덜이 스머프
재밌는 거 싫어!
재미 없는 것도 싫어!
뭐든 다 싫은 나도 싫어!

고대 로마의 군인과 검투사

고대 로마의 군인은 유럽 최강이었대. 전투마다 승리를 거둬서 로마의 영토는 엄청나게 넓어졌지. 잉글랜드, 아프리카, 심지어 아시아까지 지배했으니까. 군인이 전쟁터에서 나라를 위해 싸웠다면, 검투사는 원형경기장에서 결투를 했어. 사람들이 워낙 환호했기 때문에, 연예인처럼 인기가 많기도 했대.

중세 유럽의 영주와 기사

중세의 영주는 왕보다 막강했어. 공작, 후작, 백작, 자작, 남작의 순서대로 힘이 셌지. 적이 쳐들어오면 기사들이 갑옷을 입고 말을 타고 달려나가 무찔렀어. 그들은 늘 서로 결투하면서 창검술을 단련했는데, 그걸 '토너먼트'라고 불렀대. 성벽 둘레에 해자를 파고 성문을 도개교로 여닫으면, 성채도 요새가 되었단다.

중국의 만리장성과 불꽃놀이

중국 역사의 중심지는 황허 중류의 '중원'이라는 지역인데, 늘 북쪽 이민족들의 침입에 시달렸대. 그래서 최초의 통일국가를 세운 진시황이 장벽을 쌓았어. 바로 만리장성이야! 진시황은 불로장생약도 찾아 헤맸는데, 그 노력이 엉뚱하게 후대에 화약과 불꽃놀이의 발명으로 이어졌단다. 신기하지?

대항해의 시대와 해적선

"지구는 둥그니까~ 자꾸 걸어나가면~ 온 세상을 다 만나고 돌아오겠네!" 당연한 소리라고? 천만에. 지구가 둥글다는 믿음도 르네상스에야 생긴 거야. 그래서 예전과 반대 방향으로 신항로가 잔뜩 만들어졌고, 새로운 무역선들이 황금과 상품을 가득 싣고 바다를 누볐어. 당연히 해적들도 많아졌겠지?

아메리카와 아스테카 왕국

토마토, 감자, 고구마, 옥수수, 초콜릿(카카오)의 공통점이 뭘까? 다 맛있다고? 맞아! 그리고 또 하나, 원산지가 전부 아메리카야! 유럽인들이 대항해 시대에 왔다가 이 음식들에 반한 거야. 멕시코 반도에 전사들의 나라인 아스테카 왕국이 있었고, 호수의 물 위에 수도 테노치티틀란을 지었는데, 인구가 파리나 뉴욕보다 많았대. 그들이 즐기던 공놀이가 배구나 농구의 원조가 되었다고도 하고. 참 신기하지?

캘리포니아 골드러시와 인디언

1849년 캘리포니아에서 금광이 발견됐어! 사람들이 일확천금을 꿈꾸며 서부로 몰려갔지. 그런데 당시에 캘리포니아는 아메리카 대륙의 원주민인 인디언들의 땅이었거든. 갑자기 외지인들이 몰려와서 땅을 함부로 침범하고 소란을 피우자, 인디언들은 땅을 지키기 위해서 전쟁에 나서야 했다는구나.

산업 혁명과 에펠 탑

하늘과 땅이 거꾸로 뒤집힌다면? 무슨 소리냐고? 그 정도로 불가능해 보이는 큰 변화가 '혁명'이야. 그러니까 산업 혁명은, 기술이 발달해서 생산 속도가 혁명적으로 빨라졌다는 뜻이야. 에펠 탑은 "봐, 우린 철탑을 이렇게 빨리 만들 수 있어!"라고 자랑하려고 지었다는구나. 기차와 자동차도 다 이때 발명되었어.

미래는…… 스스로 만드는 것

"미래는 너희가 만드는 것이지, 마법의 수정구슬 따위에 나타나는 게 아니야. 거기에 빠지지 말고, 너희의 꿈을 자유롭게 상상하고 마음껏 그려보거라!"
파파 스머프의 말씀이 맞아! 스머프 마을을 우주에 짓고 우주 유영을 즐기게 될 지도 모르지. 하지만 확실한 건, 꿈꾸지 않으면 아무 일도 일어나지 않아!

정답이 궁금하면 물구나무를 서시오!

p. 6 — 선사 시대의 동굴 벽화

p. 8 — 고대 이집트의 피라미드
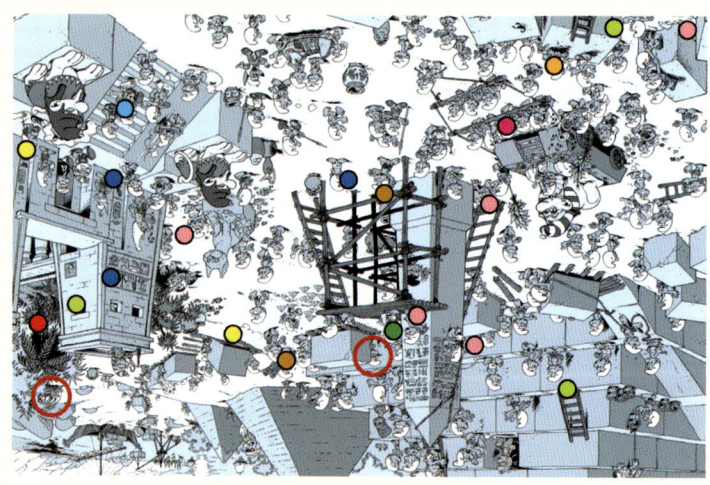

p. 10 — 고대 로마의 군인과 검투사
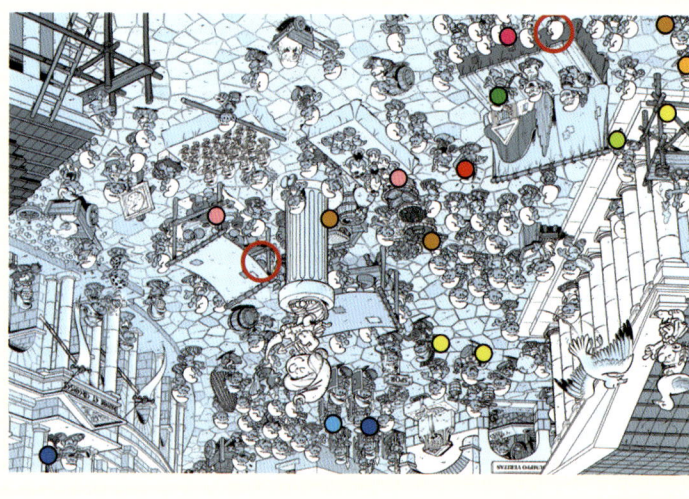

p. 12 — 중세 유럽의 영주와 기사
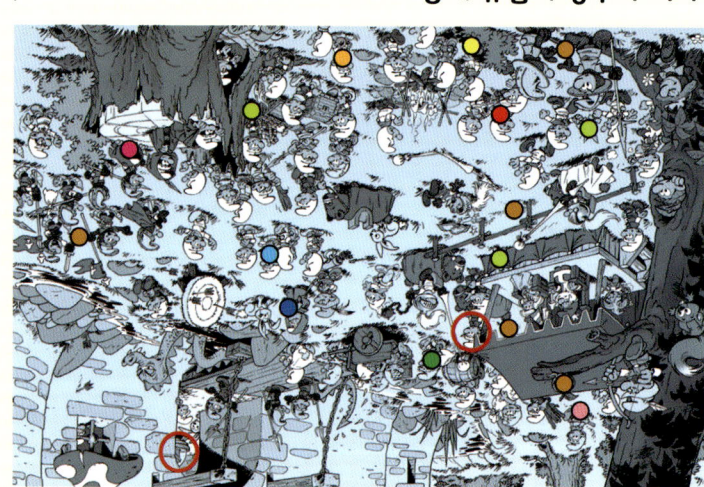

p. 14 — 중국의 만리장성과 불꽃놀이
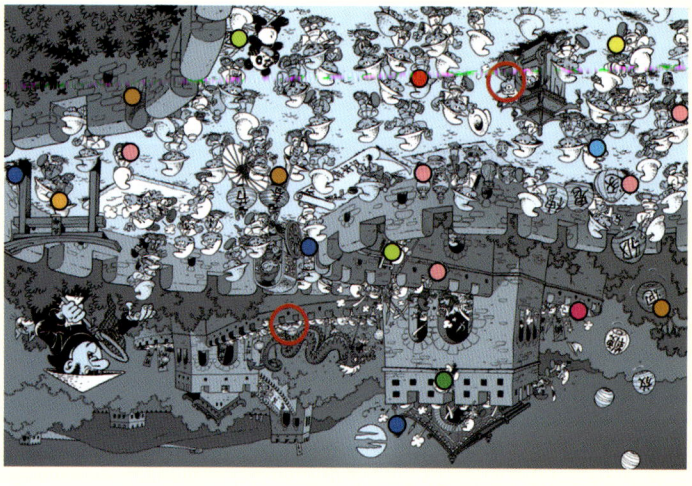

p. 16 — 바이킹의 후예들
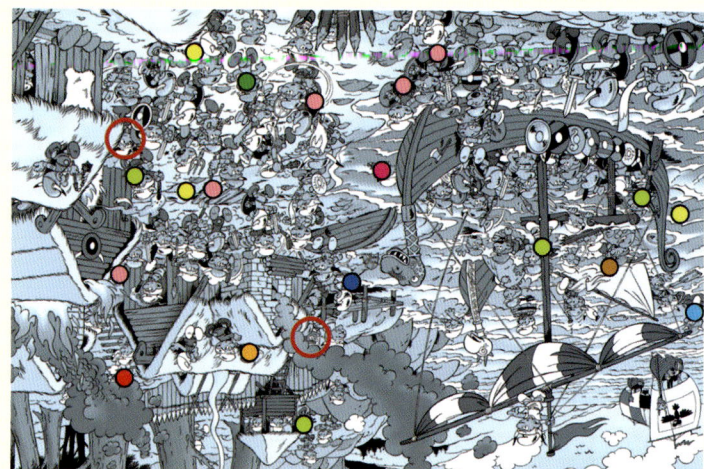

p. 18 **르네상스 시대의 예술혼**

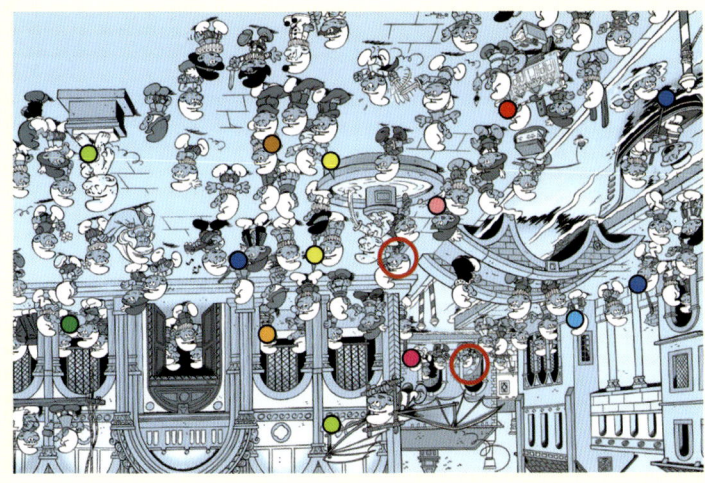

p. 20 **대항해의 시대와 해적선**

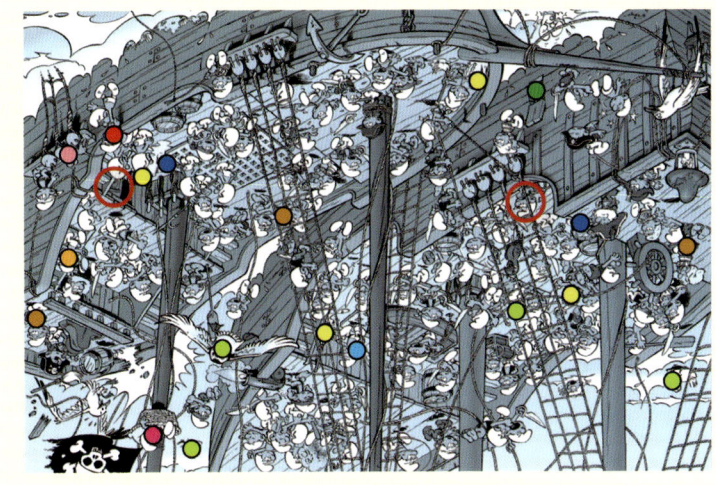

p. 22 **아메리카와 아스테카 왕국**

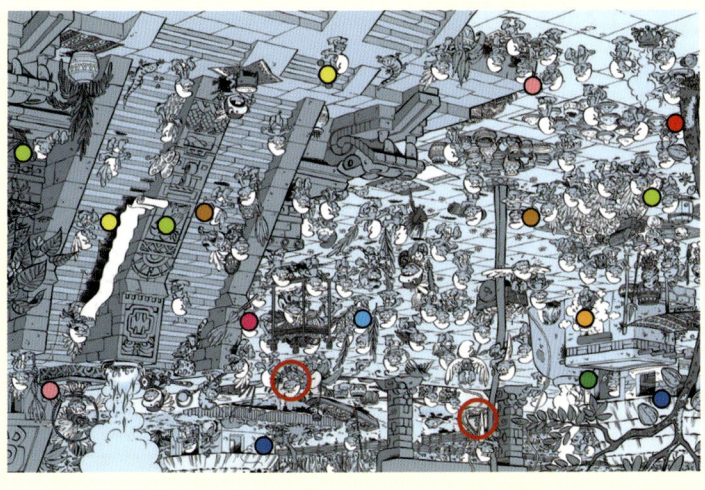

p. 24 **캘리포니아 골드러시와 인디언**

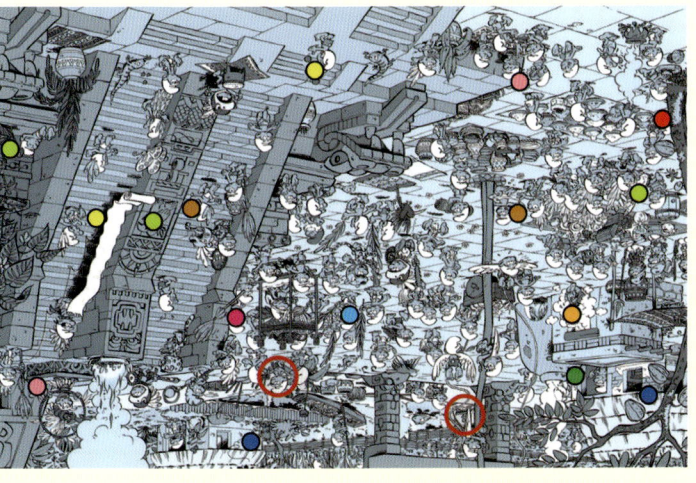

p. 26 **산업 혁명과 에펠 탑**

p. 28 **미래는…… 스스로 만드는 것**

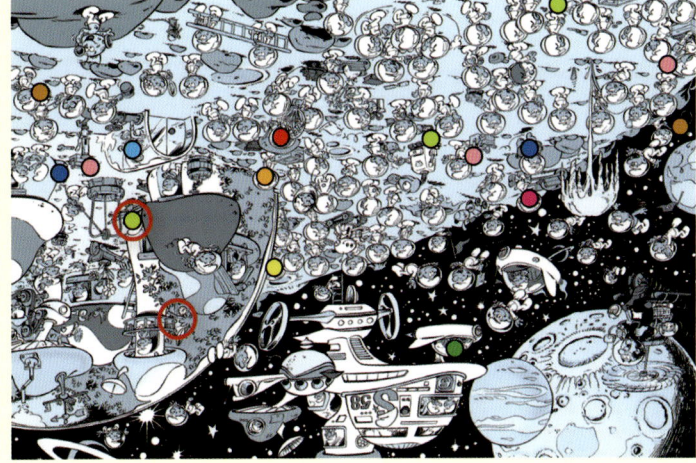

THE SMURFS

만능이 스머프를 찾아라!
타임머신을 타고 떠나는 역사 여행

초판 1쇄 2020년 12월 25일

원작	피에르 컬리포드(페요)
각색	더모던 편집부

펴낸곳	더모던
전화	02-3141-4421
팩스	02-3141-4428
등록	2012년 3월 16일(제313-2012-81호)
주소	서울시 마포구 성미산로32길 12, 2층 (우 03983)
전자우편	sanhonjinju@naver.com
카페	cafe.naver.com/mirbookcompany

ISBN 979-11-6445-357-3 77840

* 파본은 책을 구입하신 서점에서 교환해 드립니다.
* 책값은 뒤표지에 있습니다.

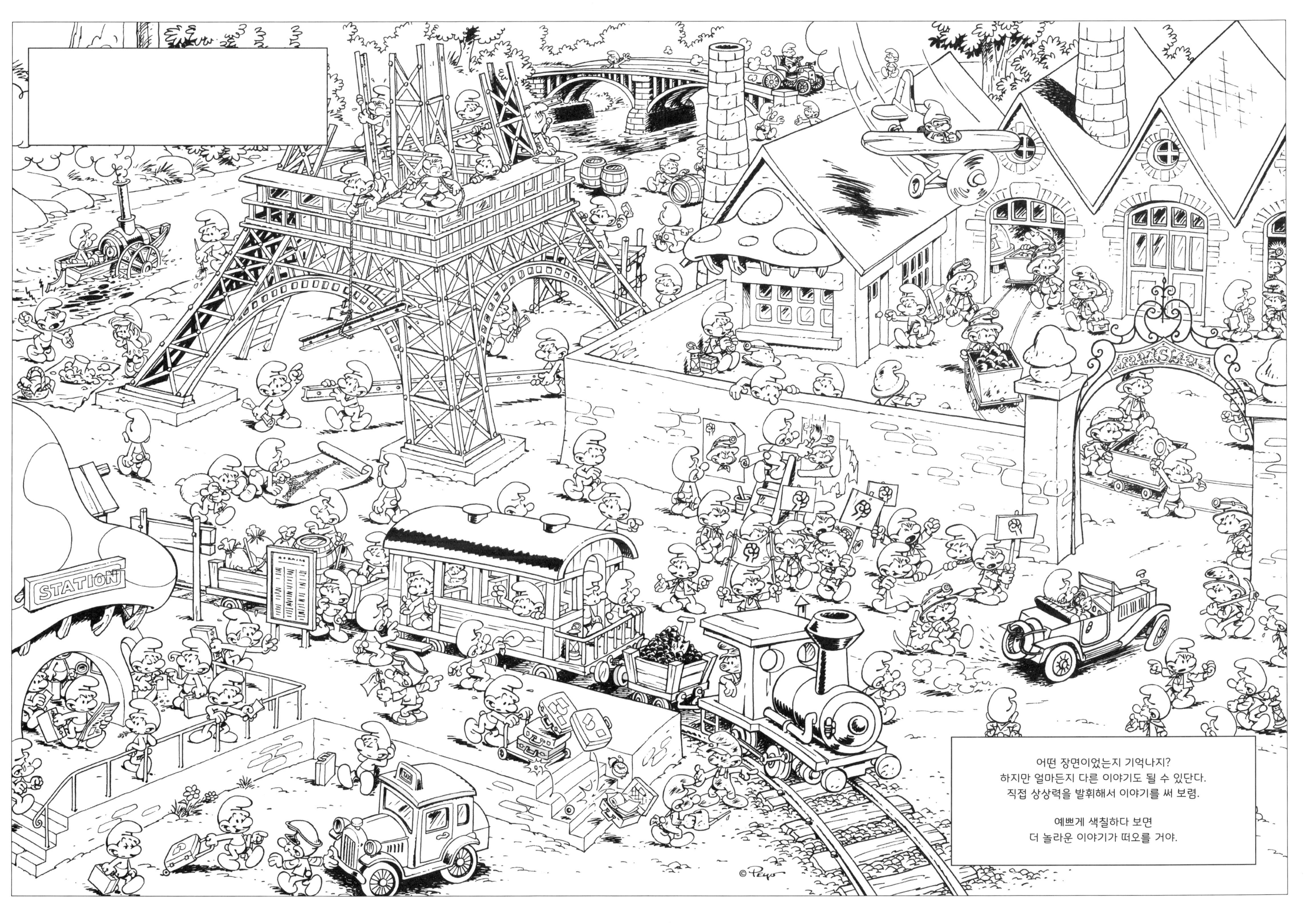